AF599898

C. SANCHO GUINDA

HEDOR DE ÁNGEL

C. SANCHO GUINDA

HEDOR DE ÁNGEL

HUERGA & FIERRO editores

Diseño de Colección: Huerga y Fierro

Primera edición: 2024

C/Sebastián Herrera, 9
28012 Madrid-España
Telf.: 91 467 63 61
www.huergayfierro.com
huerga@huergayfierro.com

I.S.B.N.: 978-84-128849-1-3
Depósito Legal: M-13741-2024
Impreso en Romadac Industria del Libro
Impreso en España/Printed and made in Spain

HEDOR DE ÁNGEL

Dónde el ángel,
dónde su palabra.
ALEJANDRA PIZARNIK, "Las aventuras perdidas"

I wonder
at God's plan
had Eve refused
the apple.
LINDA PASTAN, "The imperfect paradise"

Celéstidas

Quise un canto a la inocencia, a lo primero,
al desnudo del que emana todo origen
y se esfuma con un batir de alas.
Busqué recuperar lo inapresable,
pero qué lejos estaba de mi mano,
qué pequeño aparecía ante mis ojos.

Quién eres tú
prójimo
desgraciado hermoso
Rose Ausländer, "Aún queda mucho por decir"

¿Quién como tú?
Oriundo de los cielos, hijo alado de Dios, abanderado
del lirio, de la rosa, de la rama de olivo,
de la impoluta vara de azucena
convertida en bastón de mensajero.
Dime qué espada empuñas, qué persigues
si no es el mero amor.
Tus blandos pies desnudos se deslizan
arañando la cúspide de todo,
atraviesan dinteles,
la radiante pared de la mandorla,
tan ajena a nuestro suelo terrenal,
y te impulsan delicados por el aire
con las plumas blanquiazules de tus alas.
Sobre tu testa imberbe caen los rizos
y tu perfil refleja un aire triste
de aniñada perfección,
como de alma cautiva en tantas luces.

¿Hacia dónde paseas tu mirada?
Puede que busques tronos de dragones,
huestes de monstruos, sombras, buitres,
las fauces de mantícoras carnales,
el roce aéreo de una escila en ciernes
o la sierpe enroscada del maligno
en tu afán de derrotar cuanto es impuro.
No los hallarás aquí,
en el predio del Señor del Trueno y el Temblor,
el Jardín de las Delicias de los justos,
el fulgente Paraíso de virtud
donde la noche negra se disipa.
Pierde, pues, toda esperanza de batalla.

Dulce fue tu universo, oscuridad
JENARO TALENS, Otra escena, "Profanación(es)"

Me adentraré sin temor el día más oscuro
LOUISE DUPRÉ, "En el centro del rostro"

Tal vez la oscuridad
sea luz desconocida.
KARL LUBOMIRSKI, "El poeta y lo divino"

Absorto en ti,
ángel bello,
hoy has vuelto a escaparte del enjambre.
¿Desde cuándo un querube se subleva,
deserta su legión
y busca oscuridad
sin espada flamígera ni antorcha
o lanza puntiaguda entre las manos?

Nos amamos tiernamente
como amapola y memoria
PAUL CELAN, "Amapola y memoria"

No me des más sosiego —amor—
que vengo cargada de amapolas
DULCE CHACÓN, "Matar al ángel"

Libres van tus suaves dedos alargados
sin portar arma, cetro, escudo o instrumento,
levantando sospecha
por lo ocioso de tu rumbo y tu postura.
Mas ¿cómo combatir la zarpa, el colmillo, el cuerno, el aguijón oculto,
la sonrisa del sátiro carnero, el pico destructor,
la felina garra amenazante, la lengua afilada y bífida del áspid?
¿Y cómo sumarte al canto permanente, a los loores,
sin tañer laúd alguno o tocar flauta, ni arrancarle un sonido a la ocarina?
Por encima de ti se oye el zumbido
de un aluvión de ángeles, como insectos, eclipsando el terso círculo del sol.
Tú retrocedes
ante el toque penetrante de trompetas
y el reiterado estruendo de alabanza.
Prefieres la amapola a la memoria.

Cuando tantos poetas te cantaron,
tú sumido en belleza gravitabas.
Por tu gélido orbital de imprecisiones,
ahogado en sus salitres
te agitaste,
se te hizo el cielo celda,
cárcel mansa,
encierro del espíritu que bulle
mendigo de rompientes.
Pierdes la rectitud
porque deseas,
insistente como un enamorado,
tu empírea violación de los preceptos,
el réquiem por la insignia, la linde, cualquier línea divisoria
que desune y desgaja,
mortifica en pleno rapto con su rueca inmóvil,
la que ha hilado un espinazo de silencio,
un desierto intransitable sino en dócil compañía,
un recoveco oculto
en un alma que nació festiva y pura.

Como vuela el murciélago en la tarde,
a ras de agua de alberca,
así te has acercado al mundo humano
sin llamar la atención, de amanecida,
desprovisto de nimbo y de armadura,
simulando ser ornato de fachada.
Te motiva una infantil curiosidad
por aquello que hoy aún se te prohíbe
al no mediar ya custodias ni misiones.
Vence siempre tu sed de conocer:
desafías los límites divinos
y en tu asombro
vas sintiéndote algo menos extranjero.

De la noche desciende como un ángel huido de los cielos
Diego Jesús Jiménez, "Itinerario para náufragos"

Rodeado de silencio tras tus fugas,
los desgarros del ropaje te delatan.
La túnica purpúrea está hecha andrajos
y vuelves sin fulgor.
¿Qué es lo que has visto?
Nada dice el extravío en tus pupilas
ni te pregunta nadie
cuando digno de lástima aleteas.

Es un ángel sin dios, es piedra trabajada por gemidos.
Bajo las llamas del mercurio,
su belleza desciende.
Antonio Gamoneda, Un ángel gótico, "Sublevación inmóvil"

Pobre paria.
Te acabarán negando la palabra
si ven que te escabulles.
No eres nadie sin el brillo de tu halo.
Solamente el traidor, el corrompido,
el fracaso que les privará del bien, de la belleza,
el fallido emisario, el obcecado
en repartir perdón a su albedrío,
revoloteando por doquier,
el que ya no es tan devoto porque duda
y apenas pisotea al basilisco, a la hilera sanguinaria de leones,
a la cabra, al reptil, al mono obsceno
y vigila su sarcófago vacío con tal rabia,
esperando atrición,
que palidece.
Ingenuo, solemnemente erguido, eres hermoso
igual que un regio Adonis.

Y el ángel de la guarda
marca una cruz con sangre sobre sus muslos blancos.
PIEDAD BONNETT, "Ese animal triste"

Y quién te guarda a ti,
ángel púber,
tan tierno y espectral y persistente,
incapaz del cántico en la esfera inmóvil,
engañadizo y fiel en tu ceguera.
Por qué sientes el cielo inhabitable
y reclamas imperfectos paraísos
hastiado del Edén,
de su sobrecogedora transparencia, del confín
salvaje, ese invisible muro
que sin razón te aparta de los hombres.

De qué ángel roto vino el hombre.
Antonio Lucas, "Los desnudos"

Sabes, ángeles y humanos se conocen,
pero son tan pocos quienes lo recuerdan.
Practican una amnesia selectiva, unos y otros,
despreciando todo parentesco,
sin rozarse nunca,
aislados,
tristes,
indolentes al pedazo que les falta,
a la astilla de sí caída al mundo
o llevada por el viento hasta lo alto.
Como pequeños cosmos inconclusos
al devenir del orbe se abandonan.
Canta el ángel
dejándose llevar por sus raíles
y su música antigua,
mientras bajo su techo el hombre llora
y lima perseverante cada esquina,
registra cualquier hueco o agujero
pateando las calles en su busca, sin respiro
en mustia ensoñación de levitarse.
Así las dos especies deambulan.

Qué palabra blandirás
para desbaratar el simulacro
y asomarte a la trastienda del Edén,
tú solo en expedición hasta tu fondo
por encima del envés del Paraíso
donde anidan la culpa, la destrucción, la mugre,
el lamento incólume a la entrada,
la tristeza pertinaz que los sustenta
y se apila en el supremo vertedero
de cuanto ser humano haya existido.

Primarios e inocentes como ángeles
PIEDAD BONNETT, "Ese animal triste"

Emerge el basural como una torre,
como una loma enhiesta de infinita altura
suspendida, de algún modo, en lo celeste.
Arrásalo.
Rompe las leyes de su desequilibrio,
escarba en su profundidad,
afloja el nudo tieso de lo estanco,
que no se vuelva piedra
sino que fluya suelto cualquier reino,
todo en todo
y así la combustión del mal pronta se extinga
al tacto de tu nítida inocencia.

Abre el pórtico.
Haz de mí un alma elegida, mies selecta
que traspase aquel umbral de luz dorada
y en entrega perpetua se desgrane.

Cuántas voces te imploran,
desde la muchedumbre que hay debajo,
esa misericordia que no es tuya.
Tus idas y venidas les alientan
y ellos bregan por subir,
si bien no es todavía su momento.
¿Hasta cuándo querrás darles esperanzas?

Recíbeme en el atrio de los fuertes,
no en el zaguán oscuro del endeble, del medroso,
de las vidas baldías.
Alegra el tiempo ignoto de mi espera,
sin aviso,
con el súbito giro de tu llave.

De poco te ha servido defenderte,
vindicar el vuelo al mundo que hay debajo
y giros en el trayecto de la luz.
Tu argumento, murmuran,
se reduce a un simple brote de soberbia
propio de principiante:
cuestionar la autoridad y la obediencia al sumo bien,
permitir que aflore al fin tu parte humana,
dar, como Adán, algún bocado al fruto
y cubrir la desnudez con tu pudor, inútilmente,
emulando a Lucifer por ignorancia.
Qué opresiva penumbra te amenaza, qué transportas,
inocente, en tu hombro débil,
se pregunta la completa jerarquía.
Qué te ha vuelto de repente pendenciero.
¿No contestas?
Imposible consentir tamaño agravio.
Has caído.
Su feroz disciplina se te impone
serenamente férrea, celeste, inexorable.
El yunque de la gloria sobre ti
como demoledor verdugo que te acecha,
a no ser que renuncies.

Puedo reconocer tu alma asustada
en busca de refugio
y siento tu pequeño ser que se doblega,
el guerrero marcial que llevas dentro,
a rastras por los cirros,
con la faz deforme casi de amargura.
En los códices miniados apareces
como onírica visión,
un vulgar quiero y no puedo de Cupido,
cualquier Ícaro mascando su derrota,
un insurrecto niño de las flores
sembrando paz y amor donde no debe.
De pecado crecedero está hecho el mundo.
Pareces no enterarte.

Dudas infinitas
apoyan la soledad de Dios,
incapaz de amar a nadie
como se ama a sí mismo.
KARL LUBOMIRSKI, "El poeta y lo divino"

(...) se oye la soledad de Dios (...)
PIEDAD BONNETT, "Nadie en casa"

Qué más podría esperar de la añoranza?
JOHN ASHBERY, "El alboroto de los pájaros"

Omnia vincit amor
es tu gran lema.
Y sería difícil de otra forma
porque, a ver, en qué otra cosa piensa un ángel joven.
Quizá no fuera nunca un absoluto
la idea de amor divino, me refiero.
Lo absoluto creó lo relativo y llegó a amarlo,
eso sabemos,
puesto que estaba hecho a su imagen.
En tu adentro se amontonan las preguntas
y las cavilaciones, a cuál más temeraria, se suceden:
¿No es entonces posible que seamos, en cuanto criaturas,
trozos de divinidad
y que tenga lo absoluto sus carencias?
Es decir, que en verdad sea asimismo limitado, fragmentario,
subjetivo, accidental
y no definitivo
(¿acaso Dios jamás evoluciona?)
Incompleto, lo mismo que nosotros,
lo justo para hacerse creador.

¿Por qué si no inventar el universo,
tomarse la molestia de nombrar los seres,
asignarles función y cometido, un lugar
en la profunda inmensidad del cosmos?
¿No será por soledad,
para salir de sí y paliar sus añoranzas?

Mi dulce ángel de escándalo,
efebo de altanera luz en las mejillas,
con qué razonamientos elucubra, audaz, tu mente.
Cuida de que tu palabra se evapore
y evita dejarles rastro de tu aliento.
Que en tu boca sólo encuentren oraciones,
algún tenue filamento de plegaria
asomando por las parvas comisuras.

Tanta amarra por temor a la partida.
¿No es cobarde?
¿Y ese miedo subterráneo a tu debacle, no es flaqueza?
La venda sobre los ojos, el sigilo,
ese rostro que ya no reconoces,
el reflejo de aquel alguien que te amaba
y ya es ausencia,
como ver a través de un celofán,
te martirizan.
Tu lírica angelical esplende y brota
convulsiva y frondosa, adusta a ratos,
percutora de más miedos
que cuajan repentinos en tu cauce,
voraces igual que hienas,
su tumulto.

Inclinado hacia delante, con tus imponentes alas
desplegándose despacio, gentilmente extendidas,
has dejado de moverte sin esfuerzo.
Decides finalmente despeñarte
y eliges el sutil resquicio de una nube
mientras, sobrenatural, el sol baña tu silueta a duras penas,
te ilumina y abre puertas en la altura
y saltas,
vas cayendo
como una lluvia densa de maná
y levitas en el último segundo,
extasiado luego en un aura de luz,
sustentando en ti una flor tan deslumbrante
que los cielos implacables la succionan.
Desarmado, aterrizas
magullándote las puntas de los pies,
tu piel rosada,
con las plumas salpicadas de inmundicia
y las manos heridas, arañazos,
tierra negra hasta por dentro de las uñas.

Terrenarias

Ya no pareces ángel sino humano.
¿Qué te han hecho?
Tu divinidad se descompone
si desciendes el peldaño de tu estirpe
y cobijas un dragón en tu garganta.

Temeroso y aterido te descubro,
desmadejado el cuerpo en un escorzo
cuando menos difícil,
pero de ti no brota ni un quejido,
pletórico, como estás, de amor ardiente.
Caído en la azotea,
vulnerable,
recién nacido al mundo como un cachorro tierno
te incorporas.
¿De quién huyes?
Golpean tus alas rotas los ladrillos, el desagüe
y plumas diminutas se desprenden, al aire oscilan
junto con un fragmento de hopalanda.
De tu esencia ancestral son restos mudos,
una estela modesta y delatora, ya sin brillos,
de lo que quedo atrás.
No es momento, sin embargo, de nostalgias.

Sientes por tus entrañas tibias las pisadas
de minúsculos saurios,
el correteo frío e ilusorio
de los depredadores de virtudes.
Tus órganos, vueltos piedra,
lastrarán cualquier remonte de tu huida.
Quédate y no temas. Duerme.
Danos luego tu mensaje con premura
y regresa a ese país del que viniste,
si es que encuentras todavía tu camino.
No vaciles ni demores más tu marcha:
como un pájaro ligero encara el aire,
abandónate a su soplo persistente
y acepta que no es éste tu lugar,
que para ti no hay sitio en este mundo.
Despega al fin en paz desde nosotros.

¿A qué viene un ángel degollado
hasta mi casa?
ANTONIO LUCAS, "Presencia del delirante"

Cuentan que cierto día llegó un ángel
con un tajo dorado en la garganta.
Se tambaleaba en el asfalto,
maquinal, tardo, indefenso,
desangrándose a la luz.
Manó de su yugular un rastro áureo
mientras pedía auxilio
en una lengua extraña para el hombre
y dejó un reguero largo en las aceras
antes de desplomarse
y desaparecer ante el gentío.
¿Lo conoces?
¿Quién era, pues, si tu no fuiste?

Alguien te precedió, si tú no eras,
pero quién.
De aquel ser no quedó nada, ni una música, ni un grito,
ni una mancha para siempre en el cemento.
La llovizna se llevó todos sus rastros,
desde un trozo de su toga hasta los huesos, su voz
firme, su perfume,
la huella primorosa de sus plantas
o la desolación con sus señales,
magia pobre
de terca negación
por la cual resulta todo ser aquello que parece
y en nada se asemeja a lo que dicen.
¿Hubo alguien que guardara sus reliquias?

Con tu propia imagen tropezaste
caído en rebelión contra ti mismo.
Y qué triste eternidad sobrevolabas,
ángel rémora privado de esperanza.
¿Cuándo empezaste a darte por vencido?

Quería descubrir a Dios por transparencia.
Olga Orozco, "En el revés del cielo"

Es fácil ver a tu través.
Tu piel ebúrnea cala como un velo
la cándida intención que ahora ambicionas.
No es tarea sencilla
tocar la fibra humana,
ganarte lo pagano que en su adentro anida.
Necesitas resabios, mano izquierda, labia,
la incesante parsimonia de la luz,
la palabra precisa a flor de lengua,
arrojarles tu haz directo hacia los ojos,
el ambiente de una tabla de Fra Angélico en el tacto,
la caricia de tu mano blanquecina
y en el hueco de su cuenca los colores
de nueva Anunciación
—su intenso azul,
ese cítrico amarillo sobre verde,
la ternura de su rosa reposado—
si quieres que te escuchen.

(…) porque qué haría la inocencia ahora que está armada.
JUAN GELMAN, "Cólera buey"

Te hace falta un escoplo,
un dulce hierro,
el cincel divino
para romper de golpe su coraza.
Y de nada servirán, si es que tu mano tiembla.
Que el instinto apunte tu primer disparo,
la palabra afilada hasta su límite,
lanzada
en pleno corazón.
Que el latido en suspenso persevere
mientras tu amor inunda las fisuras.

Hay quien te tiene miedo
y a tu paso se aparta.
Otros quieren tocarte,
tomar un tirabuzón y acariciarlo,
sentir su dorada liviandad,
deshilachar un pliegue
de tu volátil túnica que flota
y anudar entre sus dedos la hebra aérea
que por siempre les recuerde tu venida.
Lo permites
porque quieres recobrar sus corazones,
uncirte de su brazo al infinito,
ser uno en el seno nuevo de la almendra.

¿Qué palabra ya no escribimos nunca
durante nuestras terribles noches de insomnio?
¿Misericordia?
Per Olov Enquist, "El ángel caído"

Ves cómo la muchedumbre te rodea
mientras cien dedos te acusan
de impía deserción, porque has bajado aquí.
Ya no cuidas de sus muertos ni respondes sus plegarias.
Tampoco estás cantando en las esferas.
Abstente de decirles que es por ellos,
que apátrida te has vuelto por amor,
compungido en tu penumbra propia,
en tu mística almendra a la medida.
Si clamas indulgencia a tantos jueces
¿qué crees que obtendrás?
Sólo la frialdad de quien desprecia,
no justicia
y todavía menos compasión.
Se propagan rumores sobre tu incierto origen.
Te creen un esbirro del maligno,
un desterrado,
un tonto,
un intocable.
Quédate y encontrarás tus Judas.
Pondrán precio a tu cabeza y a tus alas.

Levántate y no escuches sus calumnias.
Que su tósigo no alcance tus oídos.
Desmembrarán tu ser, querrán quebrarte
con la curiosidad cruel del niño
que mutila la flamante mariposa
prisionera de su mano por antojo,
sin razón o sentimiento que lo expliquen,
tan sólo porque sí.
No consientas ser su chivo expiatorio,
su alto títere,
su esclavo,
el sacro espécimen arrebatado al cielo
como exótico botín o celestial captura,
un intruso en la otra rama de tu especie.

Pues sabes que conozco
el secreto de tu nombre,
el terco olor de tu existencia.
ANTONIO LUCAS, "Lucernario"

Sé quién es, si me preguntan.
He estado vigilándolo sin descanso.
Ahí lo tienen, todo suyo,
salpicado de guano de paloma.
¿Es eso un ángel?
Y se puede saber de qué se ríe,
si es un pobre desgraciado, un indigente
por los cielos de nadie,
si en pináculos del mal se agazapaba, el muy cobarde,
con ese olor a podre y a pistilo muerto,
a hedor dulzón de víscera ulcerada
que se puede olfatear desde una legua.
Ebrio de amor divino lo encontramos
porque hasta las bondades se corrompen.

Sí, con ese olor a podre
y así sigue,
leproso de pensamiento:
por Dios, toca la campana,
que repique su metal para alejarlo.
Es un ángel de incógnito y sin embargo hiede.
Es un ángel en estado de gangrena.
Un desecho de Dios.
Un mísero desperdicio de los cielos.
La podre es su poder, bien que lo sabe,
y con gótica templanza nos observa.

águila inocente que se ha comido un ángel
José Mármol, "La isla dividida"

Nunca vi esa mueca amarga de congoja,
ni ese gesto de tránsito perpetuo,
de presa entre las garras de rapaces
a punto de rasgar su torso blanco.
Son nuevos para mí.
No pertenece
a sitio conocido que yo pueda decirles,
con ese porte huérfano en los ojos
que anuncia contubernio, pacto urgente
para escapar veloz de la penuria
de las almas lastimadas por los siglos
y buscarnos salvación inusitada.

Ni un jirón de sus alas dejó arriba,
si es que cayó del cielo, como dicen.
¿De dónde sale un joven impaciente
de nácar y rostro ambiguo?
¿Qué templo anda buscando, qué oratorio,
qué altar junto a las casas de los hombres?
¿En pos de qué grial nos ha venido?
Arranquémosle las dos alas de cuajo
y veamos lo que esconde tanta albura.
Lo dirá la herida abierta
supurando bondad,
resignadamente haciendo cicatriz
en apretada pústula divina
o en llama furibunda y vengadora
que de fétida y colérica sustancia
y de carne podrida se alimenta.

Con un hombre que está desplumando un ángel
INGER CHRISTENSEN, "Eso"

A la vista de su especie te despluman
sin tener piedad de ti.
¿No te das cuenta?
¿Por qué debes padecer y permitirlo?
¿Y si imploras delicadamente al cielo?
Que mitigue su rencor de poseídos
y la Gloria te proteja con sus brazos.
Por encima de tu espalda se desliza todo un mundo,
un infinito,
la bondad sin par de un ser sublime,
su masiva y colosal virtud,
su amor, su orden.
Tanto amor.
Tanto.
Intocable, sempiterno, etéreo, antiguo
boga el único amor entre vosotros.
Cuánto amor allá arriba y para qué.
Bastaría tu mirada suplicante
para poner un fin a este tormento.
¿Dónde está ese amor que mana de las nubes?
¿O es tu ofrenda generosa por los hombres?

Y un ángel deviene horrible ante nosotros
INGER CHRISTENSEN, "Eso"

nadie escucha bajo las nubes una pared desmoronarse,
pero todo sucede ahí como la mansedumbre de un fluido
FERNANDO ARAMBURU, "Mateo"

Nadie vela por ti desde lo alto.
No descendió un arcángel calcinante
portador del sudario y de la daga,
ni se abrió para acogerte almendra alguna.
Celestial ignorancia es cuanto hubo.
¿Vas ahora comprendiendo?

¡Va a cortarse las alas!
¡Va a cortarse las alas!

Y el gentío se acerca
para verlas
sangrar.
DULCE CHACÓN, "Matar al ángel"

El surco descarnado de tu espalda
rezumando una materia luminosa,
tu rictus de dolor, tu tembloroso llanto,
tu perdón borbotando de la herida,
porque no eran mentira conmovieron.
Colgar un ala tuya en la taberna
como trofeo excelso
bastó para saciar su ansia de escarnio,
puso fin a la insidiosa cacería.
Y descendiste.

Avernales

Se balancea el mal sobre tu cráneo
pese a que ni siquiera lo percibes.
La senda del pavor has elegido,
el limbo del cautivo, el estandarte
de tu cruzada propia.
Sin cetro llameante ni venablo
ni salmo que levante el pensamiento
te enfrentas al dominio de lo oscuro
y te arrancan la luz de la mirada.

Arráncate la luz de la mirada.
Los ángeles del bien están hundidos.
ANTONIO GAMONEDA, "Primeros poemas. La tierra y los labios"

No es este lugar propicio
para echar al fin raíces y asentarse,
yo diría.
Tampoco sitio de paso,
ni siquiera el más fugaz alto en la ruta.
Un motel expatrio y mustio de deleites
al borde de un barranco sin confines
entre la lucidez
y la memoria a medias,
en el que la abundancia de placeres, el exceso,
la demasía, aturden
y la estancia se ha pagado con la vida.
¡Qué inhóspito hospedaje para un ángel!
Aquí se rinde el mundo, ya inservible,
cuando abraza cada huésped sus pulsiones,
se contempla,
se obnubila acariciándose a sí mismo
bajo la adulación de su mirada.
Sal deprisa,
sin tardanza huye,
escapa de la hoguera imaginaria, busca huecos.
Habrá algún orificio entre las rejas.
Abandona esa existencia de presidio
lanzándote desde el heno de aquel carro
que acomoda el fornicio en su blandura.

No te instales.
¿O es que acaso hay un mortal que te acompaña?
¿O un demonio susurrante a tu costado?
Maldice el oropel de sus regalos, su abalorio
impregnado de ponzoña bajo mieles,
de blasfemias,
de sonrisa engañosa,
de murmullos.
Como bestias de noria se comportan
y en un círculo sin fin hacen camino.
Deja que partan
tropezándose al bailar en la cornisa,
arrastrando los pies por el terreno angosto,
encorvándose con cada voladizo.

entre mis dedos
ardió el ángel
BLANCA VARELA, "Canto Villano"

El infierno es un fractal.
Un reino de indiferencia.
Cada uno se sumerge en su reflejo
sosteniendo un gran cristal entre las manos
donde atisba la instantánea de sí mismo,
la hosca imagen de su propia egolatría,
su retrato en el espejo que proyecta
justo el acto de observar cómo acapara,
codicia, violenta, odia, dilapida,
miente, humilla, procrastina, mata,
se complace
y se pierde en su fanal de seducciones.

Así las almas,
perdiéndose flotantes en lo inmenso,
calladamente sueltas, sin saberse,
como huidas de sí,
navegan derivando en su dolencia a oscuras,
buscando su lugar.
Surcan la vacuidad del laberinto
en el propio interior de su mandala en quiebra,
privadas de archipiélago, de vínculo
o ascética guarida que las salve
del falso gozo del jardín sellado,
del burdo parque temático de uno mismo,
del rescate de verbo inconcebible
que rasgan los delfines en sus fauces.
Parásito paraíso: islas mendaces
que en su esplendor de harapos nos emboscan.

Ángeles se sienten en la luz
HOMERO ARIDJIS, "Los espacios azules"

Nadie quiere tu perdón ni tu bendito verbo.
Tan hiriente es la luz y tan intensa
que ha eclipsado las negruras del abismo
bajo fúlgidas farolas de mentiras
y destellos que se trenzan con el ruido.
Quién te atiende,
si encadenado a ti te reconcomes.

Thinking of Eden long before the fall
LINDA PASTAN, "The imperfect paradise"

¿Te acuerdas del jardín,
de aquel intacto, del primero,
de su acontecer tan puro,
de la aurora tímida y colgante
en los ojos de todo lo creado,
convertida en única pupila,
en mirada unánime y enorme
de párpado incesantemente abierto,
como si un paraíso jamás dijera adiós
a quienes pertenece y en él moran
y no se diese nunca por perdido?

Evoca un roquedal y un tallo erecto
y al final una corola lloviznada
de orquídea que se arruga,
escupe lástima, suspira,
otea el breve oasis sin dejar de ajarse,
firme aún como un milagro,
prisionera en propio suelo
cuando exhala con orgullo su tristeza,
su lamento de flor,
de especie conocedora de su ciclo.
Su paraíso es ése, pese a todo.

Los hijos desterrados ya no lloran, ni claman, ni suspiran.
Dejaron de gemir como costumbre,
de buscar los ojos de su madre,
ansiosos de perdón
aun dentro de su celda de castigo.
¿Y fue un castigo justo?
Vivir entre intersticios para siempre
debido a un arrebato,
a un ímpetu de cólera divina
a causa de un desliz de la obediencia.
¿Quién vigilaba?
Meramente resisten,
sucede su existencia porque sí,
jamás sollozan.
Son minúsculos nexos, eslabones
entre el monstruo y el ángel.
Sólo barro
que a tientas va palpando las paredes
sin dar con la salida.
¿Pero dónde se apostaba el centinela?
¿Y qué enramada asía el guardián fiero
antes de deshacerse lo creado?
Qué distinto sería
si Eva hubiera declinado la manzana.

Los dioses son de carne cuando deciden existir.
LOUISE DUPRÉ, "El día en su eternidad"

Pero tú no eres de carne,
por mucho que pretendas redimirlos,
devolver la unidad,
zanjar la división entre los cuerpos.
No eres, obviamente, un dios,
tan sólo un domador de fieras,
de deseos atroces,
de crónica amargura y naufragios
donde no son ya posibles la pradera, la jungla ingenua,
la balsa rota navegando un mar de amor, el limpiador
diluvio,
el épico poema del castigo
cargado como un fardo a las espaldas.
No, nada de eso quieren,
ni siquiera otro apetito te suplican,
ni te ruegan como cómplices tampoco.
¿Cómo los salvarás de esta hora estéril?

Tiene la perfección vocación de desorden.
MARIA VICTORIA ATENCIA, "Paulina o el libro de las aguas"

Quisieras verlos salvos.
Temes por su eternidad,
por esa margarita que deshojan, por instinto,
con un temple suicida para el alma.
Aguarda un poco más:
tal vez escampe el caos.
No descargues en ellos tu furor de ángel,
la antiquísima ira que heredaste,
la tajante espada, el rayo, la zarza ardiendo,
las plagas que corroen y ennegrecen,
el brusco temblor de tierras y el del agua,
el gran silencio indemne día y noche
censurando esta cruel ruleta rusa
del impulso animal,
de la avaricia humana,
de la mente entumecida por el mundo.

Tu soledad es pasto de derrota,
quizás ya lo sabías.
Las almas que persigues son fangales,
nauseabundas charcas hondas y estancadas
nutridas de su cieno
que amurallan sus contornos derruidos
blindándose al amor,
a tu relato hambriento de clemencia,
con un agua tan podrida que carcome.
¿En qué regazo posarás la espiga,
el cordero inocente, los racimos?
¿Adónde encaminar tu mutilado vuelo,
si solamente lodo se vislumbra?

Pentimento.
Qué certera percepción, la del artista.
Con los siglos han variado tu atavío, tu gallarda pose,
los rasgos conmovidos de tu rostro,
tus maneras,
aunque no en los mismos lienzos o esculturas.
Si cambias conforme el mundo se transmuta, con el
continuo giro
del planeta, a lo largo de sus diáfanas edades
y la sombra fulminante de su eclipse,
cómo reconocerte con presteza,
dónde hallar tu frágil huella trasgresora,
qué escenario esperar de tus andanzas.
La clemátide en el fondo, los vergeles,
la nube ensangrentada, el camposanto,
el templo calmo a la luz que difumina
tu parábola en sus simbólicos cristales,
el vestíbulo pulcro de una virgen
constituyen tu estampa, tu viñeta,
el hábitat bendito que circunda
la mecánica indomable de tu vuelo.

Di en quién quieres convertirte
y cuál de estas visiones es más tuya:
la virago entre organdíes para Lippi,
el dulce anunciador para Verrocchio,
el brioso justiciero para Sanzio,
y en el trazo escrupuloso de van Eyck
el equívoco alado y sonriente
bajo el brocado espeso del magnate altivo
que desvela su destino a una muchacha,
el cambio drástico, el milagro,
el hágase, el sí rotundo
que enciende la bengala del principio.

Cierto es que los ángeles
únicamente visitan a los humildes
y a los que tienen fe.
RAFAEL ARGULLOL, "Poema"

Invocarte
es abrir el balcón a la paloma tierna y espantar al lobo
que ronda el corazón y la cabeza a veces
y clava con soberbia su incisivo
en vísceras lamidas desde adentro.
Es tañer la campanada dulce de otras nupcias
que en trance de gracia plena contraemos
con la alegre vestal que hay en nosotros.
Es desprenderse prestos de la piel del áspid,
de la sedosa escama constrictora,
la palabra bífida en los labios,
lavar sin turbación el jazmín sucio
y abrazar el nardo agraz de la inocencia.

Eterno tránsito, el tuyo,
cazador del pecado a la intemperie
en pos del desperfecto y sus miserias,
de la incurable ruina.
Recupera la altura
para alumbrar de amor nuestro desnudo
antes de descender a estas cloacas.
Somete al frío raso de tu llama, al ardor prodigioso
de su nieve, todo el tedio,
el suplicio de este averno a la deriva,
el fuego fatuo,
la monótona fatiga del culpable,
el eclipse doloroso que clarea,
el golpe de orfandad tras el derrumbe.
Si tu arpón traspasa diestro los espejos
y el filo de tu espada la apariencia,
cercena el corazón.
Rotúralo esta vez desde el principio,
siembra el surco vacante de esperanza con tu incendio
y un alud del que renazca la ceniza.
Y con ella unge la frente de mi estirpe.

Nada vale tanto, os lo aseguro,
como la amistad de un ángel.
Rafael Argullol, "Poema"

Esculpido en tíbores de jade
custodias con fervor este sitial vacío
que guardas para el hombre,
la criatura amada, la escogida
para heredar al fin el don divino,
aún durmiente,
esperando el roce vivo de tu llama.
Ángel fieramente humano,
sabemos que te ha llamado algún poeta.
Como fiera humanamente angélica
persistes, no abandonas
a quien es parte de ti
pero incomprensiblemente te rehúye.

Miradme.
Vestido como en el mundo,
ya no se me ven las alas.
Nadie sabe como fui.
No me conocen.
RAFAEL ALBERTI, El ángel desconocido, "Sobre los ángeles"

Dónde queda tu palabra y su amplio acorde,
en qué lienzo nos retumba su sonido,
sobre qué pechos se llueve y almacena
su fe en la rendición, con mansedumbre,
en el regreso cándido a la orquídea,
al fruto ileso,
al perdón que oblicuo irisa cada rostro
resbalando demorado en nuestra arcilla.

Índice

Esta obra
se acabó de imprimir
con los auspicios de
Charo Fierro y
Antonio J. Huerga, editores

FINIS CORONAT OPUS